AF410904

PROMENADE

A

AMBOISE, BLOIS ET CHAMBORD.

PROMENADE

DE TOURS

A

AMBOISE, BLOIS ET CHAMBORD.

OCTOBRE 1839.

PAR M. J. C. M. SEYTRE,

Archiviste du département d'Indre-et-Loire, Conservateur adjoint de la
Bibliothèque publique, Membre de la Société académique de Tours,
de la Société archéologique de Normandie, etc.

TOURS,

A᙭ MAME ET Cⁱᵉ, IMPRIMEURS-LIBRAIRES.

1840.

PROMENADE

A

AMBOISE, BLOIS ET CHAMBORD.

———o⊛o———

Tours, le 19 octobre 1839.

A mon ami, Hippolyte F., lieutenant au ..... régiment d'infanterie
de ligne en garnison à . . . . . .

Mon cher Hippolyte,

Ta lettre est venue me rassurer sur ta santé ; tu te portes bien, tu seras bientôt capitaine et tu espères avoir sous peu une garnison qui te rapproche de nous : ce sont d'agréables nouvelles, dont nous sommes deux à te remercier.

Je ne dois pas laisser sans réponse, un paragraphe de cette lettre qui m'adresse un reproche à travers lequel pourtant perce toute ton affection pour moi, mais qui cependant, ne m'a pas trouvé insensible. « J'ai jugé, me » dis-tu, que tu étais bien pressé quand tu m'as écrit : » un jour que tu rêveras en songeant creux, cherche » quelque chose de plus à me dire, tes lettres sont rares » et courtes. » Jamais il ne s'offrit une occasion plus favorable de te satisfaire, écoute et prends patience.

1

Il y a de cela une huitaine de jours , les cataractes du ciel s'étaient fermées, et on pouvait espérer quelques visites du soleil. Peut-être ferai-je bien de t'apprendre que l'automne touchait à sa fin. Dans ta monotone existence de garnison, tu te matérialises tout à fait, me dit-on ; et je serais peu étonné que tu ignorasses dans quelle maison du zodiaque le brillant Phébus établit sa demeure en octobre. C'était donc la saison des vendanges : le feuillage des grands massifs qui bordent les rives de la Loire , commençait à prendre de riches teintes pourprées. A cette époque de l'année , as-tu jamais pensé que la campagne est ravissante d'harmonie? et que les vents en précipitant la chûte des feuilles, apportent à l'âme, de graves et mélancoliques pensées , qui ne sont pas sans charme pour un individu quelque peu rêveur ?

Dans ces circonstances et dans ma disposition habituelle d'esprit, une invitation d'aller passer quelques jours à la campagne ne pouvait que m'être très-agréable. Aussi acceptai-je avec reconnaissance celle d'un jeune avocat parisien , dont la famille possède à quelques lieues de Tours une belle propriété. Chez les parents de mon jeune ami, l'hospitalité est affectueuse ; et la réception pleine de franchise ne dément jamais ce qu'annoncent les paroles. Je me trouvais d'autant mieux dans cet intérieur plein d'aménité, que je serais plus mal à l'aise chez ces personnes qui grimacent la bienveillance et dont la politesse froide , la réserve affectée, trahissent trop clairement l'orgueilleuse importance. N'est-ce pas , ami , que c'est là un *repoussoir* pour la plus chaude sympathie. Mon avocat qui n'a pas laissé sur les bancs de l'école, son enthousiasme pour les beaux-arts, mais qui a conservé la fraîcheur des sentiments d'un artiste et un goût passionné pour l'étude des vieux monuments, voulait employer ses vacances à un pèlerinage archéologique en Touraine. Nous avions fait, pour l'exécution de ce projet, les plus beaux plans. Nous devions être cinq, six au plus et le voyage était pédestre ; mais la pluie ajoutée à mille contrariétés, nous força d'ajourner notre excursion. Toutefois, nous arrêtâmes à nous deux que nous irions au moins visiter Amboise. Mme A...., notre aimable chatelaine, mère de mon légiste, ses deux charmantes sœurs et un philosophe de vingt-cinq ans, l'ami de nous tous, furent appelés à discuter ce nouveau projet, qui parut réalisable de tous points. Nous devions partir le lendemain. La soirée n'était pas achevée que des torrents de pluie vinrent effrayer les dames qui résolurent de nous laisser partir seuls, dans le cas où nous aurions le courage de braver ce déluge.

Pour moi qui aurais aimé une existence d'aventures et de mouvement, le moindre voyage me ravit ; nomade par nature j'eusse parcouru le globe, comme un autre eût fait son village : aussi n'étais-je point d'avis de renoncer au voyage d'Amboise, et je fus assez heureux pour ranger Ad.. (Ad. c'est l'avocat), à mon opinion. Ce fut dans ces dispositions que nous nous couchâmes.

Le lendemain, il commençait à faire jour lorsque le philosophe que j'appellerai G., vint frapper à ma porte en fredonnant légèrement ;

Il faut partir, voici naître l'aurore,
Il faut partir ; allons, debout, debout !

Oui, lui criai-je, allez réveiller Ad., je suis prêt. Et je fus heureux de me replonger pendant quelques instants dans cet état de quasi-sommeil que je trouve si plein de charmes ; alors qu'on a juste assez de vie pour sentir que l'on vit, mais pas assez pour s'inquiéter de rien. Je savourais donc délicieusement ce *dolce far niente* lorsque j'aperçus de nouveau au pied de mon lit, mon éveilleur zélé :

— Ces dames sont prêtes et nous attendent, me dit-il. Tu conviendras que ces paroles ôtaient toute excuse à l'impatience qui déjà me gagnait.

— Ces dames ! dis-je, elles viennent donc ? — Hé ! sans doute. Quelques minutes me suffirent pour me lever et faire mes préparatifs de départ. Nous déjeunâmes avec appétit et nous partîmes, sans oublier de prévenir les domestiques que nous reviendrions dîner le soir.

S'il en faut croire le dire d'un chroniqueur, les premiers croisés, gens de fervente croyance et d'ardente charité, s'en allèrent en Palestine sous la conduite des créatures les plus simples, *anserem quœdam divino spiritu asserebant afflatam et capellam non minus eodem repletam sibi duces fecerant.* Aussi confiants dans la providence que ces aventureux chrétiens, nous nous logeâmes dans une de ces voitures, que nous appelons chaises à Tours et que l'on ne connaît ailleurs que sous le nom de fiacres. L'humeur rêche et la figure morose de notre cocher, dont la perspicacité ne nous parut pas développée à un trop haut degré, nous eussent fait envier les guides des premiers croisés, si l'air calme et l'allure tout-à-fait paisible des chevaux, n'eût tranquillisé nos dames sur les accidents de la route. Nous avions conclu une trève avec les noirs soucis et les inquiétudes quotidiennes : aucun nuage ne devait plisser nos fronts ; on ne fut, en un mot , jamais mieux disposé pour faire gaiement une promenade de Touriste.

Jusqu'à Amboise , la route occupe agréablement l'attention ; et n'eût été un léger brouillard matinal qui tempérait les élans de notre gaieté , nous eussions parcouru ces quelques lieues avec toute la satisfaction du Batave moderne qui suit des yeux la fumée capricieuse de sa pipe, en buvant sa bière blanche. Dans l'impossibilité où nous étions d'admirer les paysages qui se transforment à chaque pas comme dans un kaléïdoscope , nous fîmes de l'intérieur de notre chaise , un salon de familière causerie.

— En vérité, monsieur S. , me dit madame A..., nous sommes tout à fait favorisés : hier, on aurait cru à un nouveau déluge , et voyez, le soleil commence à chasser ce froid brouillard.

— Ainsi donc , madame , répondis-je , vous ne m'en voulez pas trop de ne m'être pas conformé à une lettre qui ajournait indéfiniment notre petit voyage.

— Nous vous sommes, au contraire , très-reconnaissants de votre désobéissance, ajouta mademoiselle L.

— Avouez, mademoiselle, continuai-je, que si madame votre maman hésitait hier, sa résolution a été, ce matin, trop prompte, pour ne pas être toute gracieuse : nous pensions partir pédestrement, votre frère, le sérieux G. et moi, et nous voyageons tous ensemble.

— Allons , mes enfants , repartit l'excellente madame A... je suis très-satisfaite de vous avoir procuré ce moment de récréation.

— Il est vraiment dommage de n'aller qu'à Amboise , murmura faiblement mademoiselle L. : avec des dispositions aussi favorables, nous eussions fait agréablement un plus long voyage : Qu'en penses-tu maman ?

— Voilà bien les enfants ! leurs désirs sont insatiables, répondit la maman avec un sourire.

— Nous aurons bientôt visité Amboise, hasardé-je de dire, si nous poussions jusqu'à Blois et Chambord ?

— Y pensez-vous, monsieur S. ? pouvons-nous ainsi faire un voyage de plusieurs jours, sans avoir pris la moindre précaution, et notre dîner que nous avons demandé pour six heures, et les domestiques qui nous attendraient avec inquiétude ? Vous voyez bien que c'est impossible.

La première ouverture d'un projet si subit était faite, nous revînmes à la charge, avec de nouveaux arguments plus concluants sans doute, puisqu'il fut décidé que nous verrions Amboise, et que de là nous irions coucher à Blois : ces dames iraient demander l'hospitalité à une amie, et trouveraient chez elle, tout ce qui manquerait à leur toilette. Quant à nous autres hommes, les privations ne nous effrayaient pas. Ad. n'avait pas assisté à cette délibération qui avait amené une résolution si prompte : il voyageait depuis quelques instants en compagnie du cocher; grand fut son étonnement, et agréable fut sa surprise, lorsque nous lui eûmes communiqué nos projets nouveaux. Il fit observer fort judicieusement que nous aurions, après la promenade de Chambord, à examiner plus sérieusement si nous n'irions pas visiter le musée de Versailles; je ne sais plus quel membre de la société avisa que l'occasion serait on ne peut plus opportune pour aller voir Londres. Et nous voilà riant et devisant avec une gaieté d'enfants, oubliant jusqu'aux angoisses de la bonne cuisinière Marie, qui allait indéfiniment faire réchauffer son dîner.

Cependant le soleil s'était tout à fait débarrassé des nuages ; il faisait une journée ravissante, et nous touchions à Amboise.

Qui ne sait en France que la Touraine est merveilleusement disposée pour la culture, d'un aspect riant et d'une admirable fertilité ? Les poëtes et les romanciers ont à l'envi répété qu'elle était le jardin de la France. Je te le confierai pourtant tout bas ; on y chercherait vainement les paysages pittoresques et grandioses de notre Auvergne, avec ses volcans éteints et ses pics sourcilleux. Mais ce qui assure à cette province une prééminence tout à fait aristocratique sur les autres contrées de notre vieille France, ce sont ses nombreux châteaux, qui en font un véritable musée d'architecture. L'artiste visite et étudie avec ravissement ces nobles demeures où se lisent tant de pages intéressantes de nos Annales : il admire ces merveilles de l'architecture nationale, si longtemps oubliée pour les ruines de Rome, d'Athènes ou de Sparte. Que nous importe après tout, le nombre de spectateurs ou d'adorateurs que pouvaient contenir le Colysée ou le Parthénon : nous devons à la mémoire de nos pères, de ne plus passer indifférents auprès des débris majestueux des monuments qu'ils élevèrent.

En parcourant les vieux manoirs de la Touraine, en explorant ses anciens monuments, j'ai recueilli de curieuses légendes, de précieuses chroniques : je les coordonnerai peut-être un jour, et elles compléteront pour toi les notions que je t'ai promises sur ce pays.

Mais pendant ma digression scientifique, et malgré l'allure mesurée de nos chevaux, nous sommes à Amboise, et nous nous disposons à aller visiter le château.

— Dans deux heures nous serons de retour, criâmes-nous au cocher, et nous partirons pour Blois : nous le laissâmes stupéfait de notre détermination nouvelle.

Le château d'Amboise, élevé sur une masse de rochers qui domine la Loire, se présente tout d'abord, et nous étonne par l'élévation prodigieuse de ses murailles et l'énormité des tours dont il est flanqué.

— Voyez, dit l'avocat, de quel air hostile, hautain et dominateur il semble regarder la contrée. Vraiment, malgré sa destination présente toute pacifique, cette masse de fortifications est imposante.

— Comme ils devaient être redoutés ces Barons de fer du règne féodal, continua G., les pauvres vassaux que ces châteaux formidables semblaient abriter, devaient être peu jaloux d'un tel voisinage.

— C'est égal, poursuivit mademoiselle L., c'est une belle position, et l'on doit respirer à l'aise sur ces plates-formes élevées.

Nous arrivâmes au château, par une rampe escarpée, qui, s'ouvrant sous une longue voûte, conduit sur la plate-forme. Un domestique à la livrée du roi, s'offrit pour nous faire voir l'intérieur de l'édifice; le premier bâtiment qui s'offrit à nos regards, ce fut la chapelle, et nous nous arrêtâmes, frappés d'admiration, devant un bas-relief sculpté dans la pierre, et dont la porte est surmontée. Le sujet, est la conversion de saint Hubert. Une meute de chiens aboyant, poursuivent un majestueux cerf qui s'avance tranquille et grave, portant un crucifix entre sa ramure. Les chiens s'arrêtent, et Hubert tombe à genoux. Une infinité de détails se trouvent dans ce paysage en relief. Tous les animaux du désert apparaissent, et l'artiste n'a pas négligé d'y placer le géant saint Christophe, l'ermite saint Antoine et son inséparable compagnon. Le royal châtelain d'Amboise, a fait réparer toutes les mutilations qu'avait éprouvées ce curieux chef-d'œuvre, pendant les mauvais jours de notre première révolution. L'intérieur de cette petite miniature de l'architecture gothique est d'un travail exquis de finesse et de légèreté; et tout est restauré avec intelligence.

Nous quittâmes à regret ce réduit pieux, pour continuer notre visite. Le château n'est remarquable que par sa position et la hauteur de ses murailles; on dirait qu'on a négligé toutes les beautés de l'architecture, pour ne songer qu'à l'édification de la forteresse : les appartements sont modestement ornés ; et les meubles d'une simplicité bourgeoise, sont loin d'annoncer une résidence royale. Mais si de gracieux détails d'architecture ne viennent pas s'offrir à l'artiste qui visite le château d'Amboise, de lugubres souvenirs rappellent à l'historien de sanglantes pages de nos Annales.

Sous la féodalité ce fut un nid de vautours, d'où un châtelain turbulent descendait pour aller guerroyer contre un voisin rebelle, ou rançonner de misérables serfs attachés à la glèbe. Plus tard, il fut habité par les rois de France depuis Charles VII ; il semble que sa destination devait changer : mais non, il ne fut jamais une demeure de paix ; c'est toujours en caractères de sang qu'il s'offre dans l'histoire : il fut le berceau du fils de Louis XI, et la politique ombrageuse de l'hôte du Plessys, en fit une prison. Ce jeune Charles VIIIᵉ, que la postérité a nommé *l'affable*, le *courtois*, donnait de grandes espérances. La dame de Beaujeu, son illustre sœur, avait réveillé cette intelligence que des ordres impies avaient voulu étouffer. Hélas ! c'est dans ce même château, qui semble frappé par la fatalité, que ce prince devait trouver la mort. Le septième jour d'avril 1498, en se rendant précipitamment au jeu de paume, il se frappa rudement à une porte. Étourdi du coup, il fit cependant quelques pas, puis il alla tomber dans un coin de la galerie : par une préoccupation inexplicable, on le laissa dans le même endroit, couché sur de la paille, pendant une agonie de dix heures, après laquelle il mourut âgé de 28 ans.

Soixante-deux ans plus tard, François II, le jeune et maladif époux de l'infortunée Marie Stuart, régnait en France. La première conspiration politique venait d'échouer contre les murs du château d'Amboise : les Guise furent implacables, et douze cents conspirateurs rougirent de leur sang les flots effrayés de la Loire. L'exécution des principaux chefs était réservée pour l'après-dîner : « Ceux de Guise, dit un chroniqueur de l'époque, » le faisaient expressément pour donner quelque passe-» temps aux dames qu'ils voyaient s'ennuyer si longue-» ment en ce lieu. »

— Oh ! si ces murs épais pouvaient nous livrer leurs secrets, s'écria l'un de nous ! Si nous apprenions d'eux, tous les détails de ces drames sanglants, joués tant de fois devant leur immobilité, que de récits à faire frissonner d'horreur !

Ici peut-être, tout près de ces appartements, furent plantées les têtes de Castelnau et des autres conjurés ; c'est de là sans doute que Villemongis et Briquemont durent tremper leurs mains dans le sang de leurs complices, dont les cadavres encore palpitants, couvraient l'échafaud, et en les élevant vers le ciel, appelèrent la vengeance de Dieu sur leurs assassins : elle fut terrible la vengeance ! et la main qui punissait s'appesantit durement sur François II, Charles IX, Henri III, François de Guise, Henri de Guise, Marie d'Écosse, etc. : tous assistaient aux exécutions, et tous moururent prématurément ou de mort violente.

Ces souvenirs sanglants nous avaient attristés ; nous descendîmes par une de ces grosses **tours** de cent cinquante pieds d'élévation, que Charles VIII avait fait élever, et qui ne sont remarquables que par leur force étonnante, et par la facilité qu'on a de monter dans l'intérieur en voiture.

Nous nous trouvâmes dans une de ces **rues** étroites où les rayons du soleil parviennent avec peine, empêchés qu'ils sont, par les pittoresques maisons en bois, dont les pignons surplombent de plusieurs pieds : la république avait aussi marqué son passage dans cette petite ville, et plusieurs rues portent encore des noms de cette époque, qui n'ont pu être effacés par les inscriptions modernes ; Amboise avait sa rue *Marius* ; et à côté de la prison, celle de la *Liberté.*

Les deux églises de Saint-Denis et de Saint-Florentin, n'ont de remarquable, la première, que le tombeau du duc de Choiseul, et la seconde, qu'un sépulcre avec l'ensevelissement du Christ. Les personnages sculptés sous le règne de François Ier, sont au nombre de sept. Plusieurs auteurs ont écrit que ce sarcophage était une allégorie, et que les figures de femmes représentaient Marie Gudin, épouse de Babou, et ses trois filles, maîtresses de François Ier, qui remplissait lui-même les fonctions de Joseph d'Arimathie ; mais à Troyes , à Amiens , dans plusieurs églises de la Picardie, et à Moulins , on trouve des monuments semblables , dont les personnages sont dans la même attitude, et où le même type paraît avoir été reproduit (1) : il n'est pas croyable que la même allégorie, peu morale d'ailleurs, ait été reproduite en même temps sur plusieurs points de la France.

Le duc de Choiseul, qui avait encouru la disgrâce d'une courtisane de haut lieu, fut exilé à Chanteloup, qui se trouvait aux portes d'Amboise. La France protesta contre la mesure rigoureuse de Louis le *bien-aimé*, en venant visiter le ministre honnête homme. Le duc de Choiseul, pour éterniser le souvenir des honorables sympathies qui l'avaient suivi à Chanteloup, y fit construire une fantastique tour, appelée la Pagode : de cette demeure somptueuse de l'ennemi de la Dubarry, il ne reste pas de traces. La bande noire s'y abattit en 1825.

Avec ta permission, mon cher lieutenant, nous allons, pour un instant, nous séparer de notre compagnie touriste, qui désire aller visiter le monument chinois : aussi bien, avant de continuer ce pèlerinage qui pourrait être long, ai-je quelques dispositions à prendre.

Je fus tout étonné en traversant la ville d'Amboise, de voir la paisible cité, dans un état d'agitation extraordinaire : des gendarmes en grand nombre, des troupes de villageois endimanchés, des gardes nationaux en grande tenue, encombraient les rues. C'était le conseil de révision, qui, ce jour-là, tenait séance, dans le chef-lieu du canton. Aux officiers qui , comme toi, ignorent l'appareil solennel qui préside à l'incorporation dans les régiments, des fu-

(1) M. de Caumont.

turs maréchaux de France, il ne sera pas hors de propos de dire que cette autorité *collective* se compose d'hommes à habits brodés à grosses épaulettes. Le préfet préside ; viennent ensuite le maréchal-de-camp, le sous-intendant militaire, un capitaine de gendarmerie, un chirurgien-major, des membres des conseils d'arrondissement et de département, qui visitent, admettent ou refusent les pauvres recrues destinées à compléter les cadres de l'armée. Mais, pour éviter tout mauvais choix les *instructions*, bien avisées qu'elles sont, exigent que les *sujets* paraissent devant l'auguste assemblée dans la simple tenue de nos premiers parents.

— Si le roi pouvait faire opérer le recrutement d'une façon plus décente, et surtout plus digne des hauts fonctionnaires qui s'en occupent, me disais-je à part moi, personne ne le trouverait mauvais.

Je faisais ces réflexions assez profondes dans la salle du conseil où je m'étais présenté, dans l'intention de soumettre mon projet de pérégrination à l'approbation de mon honorable patron, qui voulut bien, en ce qui me concernait, gracieusement l'autoriser.

Le temps avait marché, et le soleil baissait à l'horizon : nous avions neuf lieues à faire pour arriver à Blois, où nous devions dîner, et tu ne l'ignores pas, rien ne donne de l'appétit comme le voyage : nous nous impatientions de concert avec le cocher, de ne pas voir arriver nos pèlerins : la nuit seule nous les ramena enfin, et nous pûmes remonter en voiture.

En voici bien assez pour aujourd'hui, n'est-ce pas mon cher Hippolyte? demain, si nous arrivons heureusement à Blois, je reprendrai le récit de notre odyssée pittoresque.

Le 20 octobre.

Si ta patience n'est pas à bout, ou que le sommeil ne t'ait pas gagné, suis-nous à Blois, où nous nous dirigeons de toute la vitesse de nos deux coursiers, prudemment excités par le cocher, qui roule à regret sur une route contraire à celle qu'il devait parcourir. Tu n'as pas oublié qu'il faisait nuit hier, lorsque nous montâmes en voiture. Cette circonstance te privera d'une description un peu magnifique des bords de la Loire que l'on côtoie jusqu'à Blois.

Si la vérité de mon récit me l'eût permis, je t'eusse dit qu'en remontant le fleuve, les yeux se reposaient avec délices sur les plus riantes scènes de la nature. J'eusse peut-être ajouté, sans grande exagération, que l'imagination pourrait à peine créer des sites plus heureux, plus riches que la position d'Amboise, de Chaumont ou de Blois.

Nous approchions de cette dernière ville, avec le calme d'un désir satisfait. Notre conversation, que les ténèbres, la fatigue, et pour mon compte un violent appétit, rendaient languissante, ne se traduisait qu'en mots de reconnaissance pour madame A. , dont la condescendance maternelle était dignement louée.

Je t'ai dit que les dames avaient arrêté de loger chez une amie, qui demeurait à quelques toises de Blois, mais dont nous ne connaissions nullement la maison. Quoiqu'il fît une claire nuit d'automne, toute scintillante d'étoiles, il était dix heures, et les habitants de la campagne ne veillent pas ; à moins de rencontrer monsieur et madame F. , les hôtes amis, à leurs croisées , ce qui n'était guère probable , nous courions risque de frapper à bien des portes , avant d'arriver à la leur. Notre *intelligent* phaéton réveilla malencontreusement plus d'une ménagère, interrompit le sommeil de plus d'un honnête bourgeois , avant d'avoir rencontré la sonnette que nous cherchions. Enfin, cette bienheureuse maison, qui semblait fuir devant nous comme l'île d'Ithaque aux regards de l'aventureux fils d'Ulysse, vint s'offrir à nos yeux ; un coup de sonnette amena à la croisée , monsieur F. , qui reconnut la voix de madame A., et

> *Précipitamment*, presque dans l'appareil
> D'un paisible bourgeois qu'on arrache au sommeil,

il vint nous recevoir à la porte. Pendant qu'il allait prendre quelques dispositions , rendues indispensables par la visite inattendue qui lui survenait, nos dames nous accompagnèrent à l'hôtel. On nous avait enseigné une auberge spacieuse et d'assez belle apparence ; mais où, dès l'abord, la malpropreté s'empara tyranniquement de deux de nos sens , la vue et l'odorat. Aussi, malgré un appétit bien prononcé, dînâmes-nous fort mal. Nous reconduisîmes nos aimables voyageuses, et après les avoir confiées à l'hospitalité de monsieur et madame F. , nous revînmes nous coucher.

S'il t'est jamais arrivé de lire les impressions de voyages d'Alexandre Dumas , tu n'auras pu oublier une scène d'auberge, racontée avec des détails d'un comique remarquable. C'est un combat nocturne à coups de traversins, de matelas, de couvertures , etc. , entre cinq ou six joyeux désœuvrés parisiens.

Nous étions depuis quelques instants réunis dans notre logement, où trois lits avaient été dressés. Notre gaieté, calme et réservée en la présence des dames, devint bruyamment expansive, lorsque nous fûmes seuls. En gens bien élevés, nous ne nous étions pas permis de penser seulement à la fumée d'un cigarre; aussi, juge de notre bonheur, lorsque nous pûmes enfin satisfaire un goût vraiment si honnête, et qu'une société bien organisée ne devrait pas proscrire, le cigarre s'entend. Je ne me rappelle plus quelle espièglerie, faite à l'un de nous, engagea une bataille : les projectiles de toutes natures nous servirent d'armes offensives, les matelas, les couvertures, les habits volaient et se croisaient avec une rapidité merveilleuse, et éteignirent les bougies; la mêlée n'en devint que plus chaude, et nos éclats de rire firent un tel bruit qu'on vint nous prier de ne pas interrompre le sommeil de nos voisins.

Mais alors les coups ne se portaient plus que faiblement, le combat touchait à sa fin. Je crus pouvoir me mettre au lit, un magasin de fauteuils et de chaises, de tables, avaient pris ma place : il nous fallut demander de la lumière pour nous reconnaître sur ce champ de bataille.

Le sommeil ne se fit pas attendre, et le lendemain, nous partions pour Chambord.

Les poëtiques récits que j'avais lus sur ce palais féerique, élevé par le plus grand des Valois, les dessins que j'en avais vus, sa triste destinée présente, m'avaient donné un ardent désir d'aller le visiter. Nous prîmes, en sortant de Blois, une boueuse et monotone route, à endormir la pensée, à fermer les yeux de tout voyageur : nous avancions dans cette aride et maigre contrée, appelée la Sologne, où, à des distances éloignées, se montrent quelques pauvres villages, et où le paysage est pittoresque à la manière des nuages à l'approche de la tempête; il change toujours et ne varie jamais. Enfin, après quatre heures de marche, presque à travers les champs, nous nous trouvâmes à l'entrée du parc du côté de l'ouest.

Bien des auteurs ont écrit sur Chambord : je n'entreprendrai donc point d'en faire l'histoire. Je te communique, et tu liras avec un véritable intérêt, une excellente notice qu'en a publiée M. de la Saussaie de Blois. La première page de ce travail remarquable t'apprendra que « le château de Chambord est situé à quatre lieues de Blois, dans une de ces plaines sablonneuses et humides, coupées de bois et de bruyère, qui composent la plus grande partie de la Sologne ; qu'il se trouve à peu près au milieu d'un parc d'une étendue de plus de dix mille arpents ; que ce parc, entouré d'une muraille de plus de huit lieues de circuit, est traversé de l'est à l'ouest par la rivière du Cosson, et renferme un village, vingt-trois *locatures* ou fermes, quatorze étangs et cinq mille arpents de bois. »

Nous suivions une large avenue, dont les ornières profondes et le mauvais état d'entretien annoncent le veuvage de la royale demeure. La tristesse vous prend au cœur à l'aspect de ces lieux si bruyants autrefois; de ces forêts qui retentirent si souvent des fanfares joyeuses, des aboiements de la meute ardente. Aujourd'hui, les beaux cerfs de Chambord ont conquis le domaine. Des meutes, ils n'en craignent plus. Le lièvre et la perdrix ont perdu leur caractère d'inquiétude craintive : je m'étais éloigné de quelques pas dans les terres, des perdrix partaient sous mes pieds, et allaient s'abattre à quelque distance.

Nous approchions du château, qui s'élève au milieu d'antiques chênes, de massifs d'ormeaux séculaires, et repose sur un épais tapis de gazon qui l'entoure. Je m'attendais à voir une somptueuse demeure, une riche habitation royale; mais je n'étais pas préparé à la merveilleuse beauté de cet immense palais; il est impossible d'imaginer une architecture tout à la fois plus grandiose et plus capricieuse, plus riche, plus noble, plus fantastique que celle-là. Vous croyez voir une réunion confuse d'habitations mauresques; mais, en avançant dans votre examen, vous comprenez tout ce qu'il y a d'harmonie entre les mille détails d'ornementation, toute la magnificence de la forme, toute l'unité de la conception.

Nous contemplions Chambord, l'âme remplie de pensées sérieuses et mélancoliques; cette solitude inculte et sauvage, à côté de la sublimité de cette construction, rappelaient de douloureux sentiments : quel silence, quel abandon dans ces lieux qui furent jadis si animés ! Dans ces longues percées, bondirent de nobles coursiers; sous ces frais ombrages, se répétèrent de doux serments d'amour : aujourd'hui tout est muet; la mort et les révolutions y ont marqué leur passage.

Il était midi, et nous n'avions pas déjeuné : par une sage prévoyance, nous avions garni le coffre de la voiture d'un substantiel pâté et de quelques bouteilles de bon vin : c'était une précaution contre la disette des amphytrions de Chambord. J'étais occupé à déballer nos provisions, pour les faire transporter dans un cabaret qui porte l'enseigne fastueuse du *Grand-Saint-Michel* : je surveillais, avec une sollicitude que me recommandaient les tiraillements de mon estomac, cette importante opération, et je ne m'étais point aperçu de la présence d'une espèce de géant brutal que nos apprêts de déjeuner semblaient fort mal disposer.

— Je vous défends d'entrer du vin dans ma maison, me cria-t-il d'un accent de voix rude et qui me parut féroce : je dois avouer à mon honneur que je ne tremblai pas le moins du monde, malgré l'air dur et les poils fauves de ce cabaretier mal appris ; mais, sous prétexte de remettre dans le caisson les précieuses bouteilles, qu'atteignait une mesure violente de proscription, je rentrai dans la voiture, et je parvins à en glisser une dans la poche de ma redingote.

Nous fûmes heureux de nous débarrasser de cet homme cupide, en lui abandonnant 5 livres 12 sous, pour un morceau de toile rousse, qu'il plaça sur notre table, et qu'il appelait *un couvert*. Que le ciel lui pardonne! mais que les visiteurs de Chambord se défient de lui! Des informations prises sur les lieux m'ont fait connaître qu'on était humainement traité à l'auberge de *Saint-Charles* ; je tiens à te donner cet avis pour te prémunir contre la cupidité de l'hôte de *Saint-Michel*.

Ce n'était point une satisfaction purement animale, que nous étions allé chercher à Chambord ; aussi notre repas fut-il court. Notre gaieté de la veille nous avait abandonnés ; nous étions gravement recueillis à l'approche du monument que nous allions visiter.

Nous quittions le cabaret du *Grand-Saint-Michel*, lorsqu'un bruit étourdissant d'orgie, mêlé de chants joyeux, vint péniblement frapper nos oreilles. C'était une troupe de jeunes étourdis qui étaient là à Chambord, buvant, riant, comme ils l'eussent pu faire dans un café de ta garnison. Ils venaient visiter les sublimes débris d'un chef-d'œuvre d'architecture nationale, et leurs cœurs étaient froids :

Illi robur et æs triplex
Circà pectus erat . . . .

. . . . . m'écriai-je, en appliquant à cette insensibilité l'imprécation d'Horace : oui, je le crois, il n'a pas d'âme, et il est sans cœur, celui qui passe indifférent auprès des poëtiques restes d'un passé glorieux. Il est humiliant de l'avouer, mais on rencontre dans tous les lieux célèbres, de ces insipides et monotones figures, véritable plaie de la génération, qui pénètrent jusque dans les solitudes les plus saintes, se hâtent de voir, pour avoir le droit de dire j'ai vu, et empoisonnent par leur présence, les jouissances calmes des promeneurs contemplatifs.

Nous fîmes notre entrée dans la royale demeure, précédés par une obligeante femme, dont les vêtements de deuil annonçaient le veuvage, comme si la tristesse devait bien se trouver dans ces lieux empreints de si mélancoliques souvenirs. L'herbe croît dans les cours; les murs se lézardent, et les vastes salles ne sont plus un abri contre le vent et la pluie; mais qu'il y a encore de grandeur dans cet édifice, ravagé par les hommes et le temps ! Je n'ai jamais rien vu de si étrangement beau : la renaissance n'a certainement produit rien autre dans ce genre; c'est bien là son architecture de poésie, riche de sculptures, étonnante de légèreté.

Arrivés dans la cour d'honneur, vous embrassez dans ses détails une imposante masse de bâtiments, dont les lignes s'élèvent et s'abaissent sur l'azur du ciel, ainsi que les contours de la verdure; ne présentant nulle part de la symétrie, mais partout cette haute harmonie, type des beaux ouvrages de la Nature. A la vue des dômes majestueux, des élégantes tourelles, des riches dentelles de pierres qui font des nombreuses cheminées une ornementation si gracieuse, on se croirait transporté dans un palais des *Mille et une Nuits*. Ce sont des clochetons tailladés, des balcons, des galeries, de longues balustrades, broderies légères, enfants d'un ciseau ignoré; puis, de sveltes faisceaux de colonnettes, des arcs gracieux aux ogives entaillées en réseaux; des voûtes semées de médaillons, décorés de la symbolique Salamandre, unie au croissant de Diane.

En voyant les escaliers percés à jour, dont les masses de pierres dentelées paraissent suspendues en l'air et se soutenir d'elles-mêmes, on a de la peine à imaginer comment on a pu les mettre en œuvre; mais l'étonnement s'accroît lorsqu'on examine l'escalier vraiment magique qui, du centre de l'édifice, s'élève avec une double rampe, croisant l'une sur l'autre, depuis les fondations, jusqu'au-dessus des plus hauts clochers : tel est l'art avec lequel est construit cet escalier, dont j'ai été longtemps à comprendre le mécanisme, que plusieurs personnes peuvent à la fois monter et descendre sans se rencontrer. La grande Mademoiselle, fille du faible Gaston, a consigné dans ses Mémoires, l'impression que lui fit la vue de cette merveille : « Une des plus curieuses et des » plus remarquables choses de la maison, dit-elle, c'est

» le degré fait d'une manière, qu'une personne peut
» monter et l'autre descendre, sans qu'elles se rencon-
» trent, bien qu'elles se voient : à quoi Monsieur prit
» plaisir à se jouer d'abord avec moi. Il était au haut de
» l'escalier lorsque j'arrivai, il descendit quand je mon-
» tai, et riait bien fort de me voir courir, dans la pensée
» que j'avais de l'attraper ; j'étais bien aise du plaisir
» qu'il prenait, et je le fus encore davantage quand je
» l'eus rejoint. »

Et nous aussi, à l'exemple de la fille de Gaston, émer-
veillés de cet escalier brodé à jour, et dont les spirales
entrelacées grimpent en se jouant, jusqu'aux belvédères,
arrivâmes-nous par deux routes qui paraissent se con-
fondre, au sommet de la tour. Hélas ! les mauvais jours
des révolutions ont encore laissé des traces sur cette
tour ! Elle était couronnée d'une gigantesque fleur de lis
en pierre de six pieds de hauteur, qui fut brisée en 1831.
Il avait été ordonné en 93 de faire disparaître tous les
insignes de la royauté, et toutes les fleurs de lis qui formaient une grande partie de l'ornementation du château.
C'était un immense travail ; l'édifice entier est crénelé de
l'emblème royal (1). Aussi l'architecte ne crut-il pas devoir
demander moins de 500,000 fr., pour consommer cet acte
de vandalisme. Le désir de la destruction recula devant
une telle dépense, et les fleurs de lis furent sauvées. Il
est déplorable que la révolution de Juillet ait marqué
son passage en mutilant un emblème historique, que
son aînée, de sanglante mémoire, avait respecté.

(1) M. de la Saussaie, *Notice sur Chambord.*

Les ravages du temps et les mauvaises passions des hommes n'ont pu faire que le vieux et féerique palais du chevaleresque François Ier ne soit encore aujourd'hui paré des plus brillantes couleurs de la poésie et de toute la majesté de l'histoire. Mais on chercherait vainement le luxe royal de la grande forêt, ou la rivière orgueilleusement limpide, et dont les eaux reflétaient l'image fastueuse des tours élevées. Le château d'autrefois ne domine qu'une fangeuse vallée et des bois vendus en coupes réglées; un filet d'eau coule auprès, et son faible murmure ressemble aux gémissements d'un cœur souffrant.

Mais quel est le génie qui a présidé à la création de cette œuvre de sublime inspiration, nous demandions-nous? Est-ce *un artiste inconnu de Blois*, ainsi que paraît le croire M. de la Saussaie, ou l'un des élèves célèbres du Parmesan ou de Jules Romain? J'avais cru, jusqu'à présent, sur la foi de plusieurs auteurs modernes, que le Primatice avait conçu le projet de Chambord; il ne me paraissait d'ailleurs guère probable que les artistes français, que l'école des maîtres italiens n'avait point encore eu le temps de former, aient pu allier, dans une construction si grande, le beau gothique au style fleuri de la renaissance. Les Jean Goujon, Pierre Lescot, Germain Pilon, etc., en étaient aux premiers éléments de la science; ce n'est que plus tard qu'ils s'élevèrent au niveau de leurs maîtres. M. de la Saussaie pense avec M. Quatremère de Quincy, que les artistes italiens du seizième siècle n'ont point contribué à la construction de ce palais. Il se fonde principalement sur ce que le Primatice n'est arrivé en France que cinq ans ou huit ans après le commencement des travaux. Mais en admettant que les fondations de Chambord fussent sorties de terre à l'époque de l'arrivée en France de ce maître, est-il croyable que cet artiste jaloux, qui avait la direction de toutes les grandes constructions royales, ne se soit point occupé de la plus merveilleuse ? Celui qui, après la mort d'*Il Rosso*, fit abattre des ailes entières du château de Fontainebleau, dont les peintures lui paraissaient de mauvais goût, mais en réalité pour témoigner son mauvais vouloir contre son rival, eût-il souffert qu'un architecte obscur, élevât sans ses conseils, le plus beau monument de la France ? Je croirais volontiers que *l'artiste de Blois* travailla sous la direction du Primatice, et qu'il fit son *modèle en bois* d'après les dessins qui lui avaient été communiqués. Sa part de gloire paraîtra encore assez belle, pour satisfaire le patriotisme le plus exclusif.

Mais, a-t-on dit, le Primatice eût repoussé cette forme de transition, qui sépare la barbarie de la renaissance, pour s'en tenir à l'imitation plus sévère de l'art antique : je répondrai que ce maître s'est éloigné plusieurs fois de cette imitation sévère de l'antiquité ; et d'ailleurs ne pourrait-on pas admettre qu'il ait voulu élever un monument original, qui participât du style fleuri de l'Italie, qu'il nous apportait, en conservant des rapports avec l'architecture gothique nationalisée chez nous par nos édifices religieux et nos cathédrales ?

Mon opinion s'appuie, il est vrai, sur les témoignages d'auteurs distingués et d'artistes connaisseurs ; toutefois, je suis bien loin d'avoir la présomption de mieux juger que M. de la Saussaie, qui a pu examiner plus sérieusement la question que moi. J'en abandonne la solution aux plus habiles, et je reviens à notre visite.

Ils sont nombreux les voyageurs qui ont fait halte à Chambord, si j'en juge par les innombrables inscriptions qui garnissent les murs. Lorsqu'un congé de sémestre te permettra d'aller faire cette artistique excursion, n'oublie pas de jeter un coup d'œil sur cette immense liste ; tu y trouveras infailliblement des noms de connaissance. Les murs de Chambord m'ont révélé l'existence de deux anciens camarades de collège, que je croyais dévorés par le soleil brûlant d'Afrique, et qui étaient pleins de vie en 1838. J'ai inscrit mon nom tout à côté, pour leur donner un souvenir si jamais ils reviennent. On lit sur ces vieilles pierres des sentences, des vers qui expriment des regrets ou des espérances, mais tous empreints d'un sentiment grave et mélancolique ; au-dessus d'un entablement de corniche à quelques centaines de pieds du sol, un joyeux compagnon a écrit ces mots dans l'intérieur d'une F colossale : *Lile de Ré lesperence, dit le noyo recreusé au servisse de ses amis.*

Nous passâmes plusieurs heures à visiter ces lieux si beaux, oubliant le présent pour vivre avec le passé : nous parcourûmes toutes les salles, tous les appartements ; vastes salles nues, grandes chambres désertes et depuis longtemps veuves d'habitants : il ne reste que les murs et les sculptures jetées avec profusion sur la pierre ; la Salamandre, l'F couronnée et des fleurs de lis ; l'H et le D entrelacés au croissant de Diane ; et le soleil de Louis XIV pour attester le passage du fastueux monarque.

— Ici, nous dit notre conductrice, était la chambre de François Ier ; rien hélas ! ne nous eût indiqué l'ancien appartement de ce prince, si ce n'est pourtant une monstrueuse salamandre qui se trouve dans la clef de voûte , formant cul de lampe au-dessus de l'escalier qui conduit à cette pièce : la plus grande quantité de flammes dont elle est entourée semble annoncer en effet que là devait être le réduit mystérieux du Roi, qui ne comptait guère ses sacrifices à l'amour. On sait qu'il aimait pardessus tout cette partie du château ; c'étaient sans doute les plaisirs que lui avait procurés le dieu de Paphos, qui lui firent écrire sur la cheminée ces deux vers :

Ai mieux trouvé
Que n'ai rêvé.

Alors aussi sa passion pour Diane de Poitiers était à son commencement : on ne s'étonnera pas que les brillantes qualités de cette femme célèbre aient subjugué un cœur aussi enflammé que celui de ce roi ; un historien de ce temps la peint ainsi :

« *Era Diana di casa illustre e discesa dal sangue no-*
» *bile di conti Pothieri, dotata nel fiore dell'età sua, di*
» *rara e singolar' bellezza, di manieri accorte et gratiose*
» *e d'ingegno versatile e spiritoso, e accompagnata da tutte*
» *altre conditioni, che in giovane donna sogliano esser'*
» *riguardevoli e favorite.......* »

Les années arrivèrent , les amours se firent volages, alors le vieux et désabusé monarque , écrivit sur la vitre :

Souvent femme varie ,
Bien fol est qui s'y fie.

On chercherait vainement aujourd'hui ces vers injurieux pour la belle moitié du genre humain ; les fenêtres n'ont plus de vîtres , et une galanterie de Louis XIV à la tendre Lavallière fit, dit-on, disparaître l'inscription.

Une fois sous le charme des souvenirs , vous oubliez les sculptures ravissantes , les mille dessins capricieux et tous les bizarres ornements de cette luxuriante architecture de la renaissance. Les grandes ombres historiques viennent défiler en long cortége devant vous , ayant à leur tête celui qui édifia cette demeure pour y venir discrètement cacher ses amours ; puis Henri II , qui ne craint pas de nous révéler ses faiblesses, dans un groupe de cariatides où il est représenté entre sa vieille maîtresse et la sombre Catherine de Médicis sa femme. Cette ombre lugubre et vieillie avant le temps s'appela Louis XIII ; il vint ici protester de son amour platonique pour mademoiselle de Hautfort, qui succédait à mademoiselle de la Fayette. Voici Gaston le conspirateur sans courage , le prince sans majesté et l'ami sans âme ; il donne la main à une charmante jeune fille qui fut appelée la grande Mademoiselle ou mademoiselle de Montpensier. Cette petite fille d'Henri IV dépensa de précieuses qualités , consuma les plus belles années de sa vie en intrigues de la fronde , en projets avortés de mariage avec toutes les têtes couronnées de l'Europe ; plus tard elle éprouva les chagrins qui suivent une passion peu raisonnable et une confiance mal placée ; à 42 ans , elle s'éprit d'un fol amour pour un pauvre cadet de Gascogne qui était parvenu à la plus haute dignité du royaume pour avoir dansé un menuet devant Louis XIV. C'est, dit-on, à Chambord, qu'elle fit connaître à son amant le sentiment qu'elle avait pour lui , en soufflant sur une glace et en y écrivant avec le doigt, le nom de *Lauzun*

A l'exemple de ses ancêtres, Louis XIV vint aussi cacher ses amours dans les allées ombreuses de ce parc; dans les réduits mystérieux de ce palais, de brillantes fêtes signalèrent son séjour, et ce fut en 1670 que Molière, avec sa troupe, y représenta le *Bourgeois Gentilhomme.*

Dans ces détours solitaires se promène la majesté détrônée, qui fut Stanislas roi de Pologne. Le bon monarque n'envie point dans sa retraite les embarras des grandeurs ; Auguste II, l'intrépide électeur de Saxe, lui reprend son trône après la bataille de Pultawa où Charles XII, son ennemi, vit se briser sa fortune; par un étrange rapprochement, le maréchal de Saxe, fils de ce même Auguste, devait succéder dans le domaine de Chambord, au roi qu'avait détrôné son père.

Maurice de Saxe, dont le père avait combattu avec tant d'acharnement contre Louis XIV, fut le vainqueur de Fontenoy. En renonçant par dépit ou galanterie au duché de Courlande, il perdit le trône de Russie, que lui aurait fait partager Anna Iwanowna, duchesse douairière, qui devint impératrice, et qui l'aimait plus que ne méritait son inconstance.

Ce héros, à la taille élevée, aux yeux bleus, au regard noble et martial, et dont un sourire agréable et gracieux corrigeait la rudesse qu'un teint basané et des sourcils noirs donnaient à sa physionomie, était heureux à Chambord, qu'il tenait de la munificence de Louis XV. Il pouvait se croire dans son camp et au milieu de son armée; six canons et seize drapeaux qu'il avait enlevés aux ennemis de la France, ornaient la cour et les vestibules du château. Le roi, en lui accordant ce riche apanage, lui

avait permis d'y conduire un régiment de Hulhans : aussi
sa vie de châtelain était-elle toute militaire ; ses soldats
étaient tenus dans la discipline la plus sévère ; il
assistait tous les matins à leurs évolutions et donnait des
soins tout particuliers au haras qu'il avait formé avec
une race de chevaux de l'Ukraine. Ces nobles animaux
vivaient dans le parc libres et sans gardiens ; et à l'heure
de la manœuvre sonnée du haut des terrasses du château
par les trompettes du régiment, ils arrivaient d'eux-
mêmes sur la place d'armes.

L'abus des plaisirs, ajouté aux fatigues d'une vie si
agitée, hâtèrent la fin du héros que la France compte
avec orgueil au nombre de ses enfants. Le roi, ayant appris
sa maladie, lui envoya Senac, son médecin, qui le trouva
dans un état désespéré, mais d'une sérénité d'âme par-
faite.

— Docteur, dit-il, vous arrivez bien tard : il devait
en être ainsi : la vie n'est qu'un songe, le mien a été
beau, mais il est court.

Il mourut à 54 ans dans la chambre de Louis XIV.
Une table en pierre de Liais, sur laquelle son corps fut
embaumé, voilà ce qui reste du mobilier de Chambord
qui en 1793 devint la proie d'une armée de fripiers.

Dans les jours brillants de l'empire, Chambord, une
des gloires de la nation, ne devait pas être oublié de
Napoléon. Le prince de Wagram devint le possesseur de
ce domaine, et l'empereur y joignit 500,000 fr. de rente,
qui devaient être affectés à la restauration du château :
les révolutions et les revers s'opposèrent aux intentions
du grand empereur, et chaque jour apporte une nouvelle dégradation à la royale demeure, malgré la vigi-

lance de quelques rares ouvriers impuissants, à lutter contre les ravages du temps.

— Avez-vous remarqué ces deux noms que tout le monde lit? fit observer notre conductrice :

Ces mots, jetés au milieu de nos silencieuses préoccupations, nous firent lever la tête et nous lûmes *Chateaubriant* et *Caroline de Berry !*

Ils devaient se rencontrer à Chambord ces deux grands débris des antiques monarchies : le poëte, pour pleurer la vieille gloire de la France sur les ruines de l'un de ses plus majestueux monuments : la princesse, pour venir prendre possession de l'héritage de son fils, et protester, le cas échéant, contre des mesures que son cœur maternel était alors bien loin de prévoir.

Madame de Berry, la naissance des princes est de nos jours un péché originel dont la marque est indélébile. Votre affection pour votre fils a été grande et votre dévouement entier. Dans ses souhaits les plus exagérés, il n'eût jamais pu demander une meilleure mère ; mais que de fois sans doute, dans les froides contrées de l'exil et lorsque de limpides aspirations de bonheur faisaient taire les pensées ambitieuses, n'a-t-il pas désiré que le grand nom de ses ancêtres ne retentît plus que dans l'histoire ! il lui eût été doux de venir comme un simple gentilhomme, surveiller son domaine de Chambord. Il eût aimé cette solitude : il eût cultivé ses terres, coupé ses bois, couru ses cerfs et vécu avec des **Français.**

— Nous descendîmes enfin du vieil édifice : notre longue visite avait dû fatiguer nos dames qui désiraient se reposer. G..., qu'un léger accident avait failli indisposer, leur tint compagnie. Il faisait une de ces délicieuses soirées d'automne où le soleil se montre prodigue de rayons comme pour nous avertir de sa prochaine absence. Nous désirions , Ad. et moi , peindre quelques traits des lignes harmonieuses du château. La grande façade du nord captiva particulièrement mon artiste , et je m'attachai de préférence à celle du midi , où se présentent d'une manière tout à fait pittoresque , les dômes élégants , les escaliers et toute cette végétation de colonnettes légères et de clochetons aériens.

J'étais assis sur une légère dépression de gazon , dans cette verte prairie où Maurice de Saxe faisait manœuvrer ses Hulans. Profondément occupé de la richesse capricieuse de ma façade dont je parvenais difficilement à fixer les lignes sur mon *album*, je fus tout surpris d'entendre derrière moi ces paroles retentir à mes oreilles.

— Connaissez - vous , monsieur , la nature de votre siége ?

Je me retournai vivement , et je vis devant moi un grave vieillard ; son habillement , quoique d'une étoffe commune , annonçait de l'aisance et paraissait le distinguer de la classe des paysans ; son visage me sembla porter l'empreinte du chagrin et des peines morales , autant que celle des années : il laissait deviner qu'il avait beaucoup vu et beaucoup souffert : son air était sérieux et pourtant il attirait. Il paraissait attendre avec intérêt la réponse que j'allais faire.

— C'est un petit tertre de gazon occasionné, je pense, par quelque dépôt de terre , répondis-je.

— Ce n'est pas cela, monsieur, cette nappe de gazon recouvre le tronc d'un vieil ormeau qui eut au chateau une lugubre réputation : il avait à sa base près de dix pieds de diamètre et ses branches étaient nombreuses. Nous l'appelions l'arbre du maréchal.

— Quel rapport existait-il donc entre cet arbre et le maréchal de Saxe? continuai-je : il venait sans doute se reposer à son ombre épaisse ; et peut-être aussi que d'amoureuses et furtives causeries venaient chercher l'abri discret de son feuillage.

— Je ne sais pas, monsieur, mais le maréchal, qui n'était pas commode , faisait pendre ses soldats aux branches de cet ormeau.

— Pendre ses soldats ?

—Oui vraiment; mon père qui servait alors au chateau m'a raconté d'étranges histoires sur ces exécutions. Le maréchal se montrait ici aussi sévère, aussi inexorable qu'à la tête de son armée; la moindre faute était durement punie, et, du haut de ces terrasses que nous apercevons, il venait assister à l'exécution.

Le vieillard s'était assis à mes côtés, satisfait de mon attention à l'écouter.

— J'ai toujours présent à la mémoire , poursuivit-il , une affreuse scène qui se passa en cet endroit , le 25 mars 1749, et dont le récit ne s'effacera pas de mes souvenirs. Albert *Triburg* servait dans le régiment du maréchal ; c'était un grand et vigoureux enfant de par delà le Rhin; aussi jeune que mon père, comme lui de goûts simples , ils devinrent amis; dans ses moments de loisirs , le Hulan n'avait pas de plus grands plaisirs que d'aller soulager mon père dans ses travaux du jardin, et, par reconnaissance autant que par amitié, Albert fut introduit dans notre cabane que vous voyez ici tout près

de l'église. J'avais une tante jeune et bonne qui se dé-
vouait avec une piété filiale aux soins de ses vieux parents. Le beau soldat l'aima, et ma tante ne fut point
insensible à cette affection vertueuse. Le mariage était
ajourné à quelques mois seulement ; c'était l'espace de
temps jugé nécessaire pour obtenir le congé de l'ami de
mon père. L'avenir ne se montrait si beau pour les jeunes
amoureux, que pour leur faire sentir plus cruellement
l'affreux malheur qui devait les frapper.

C'était la veille d'une grande fête que le maréchal voulait donner à une puissante dame qui possédait le château
de Menou, et qui était venue voir les comédiens de Chambord.

— Vous parlez de madame de Pompadour ? lui dis-je.

— C'est possible ; Albert était de garde à cette porte
dont vous faites la façade sur votre papier, il était près
de neuf heures du soir ; le vent soufflait avec force ; la
neige tombait glacée et abondante et la cabane de mon
père était à deux pas. Le pauvre soldat combattit longtemps le violent désir qu'il avait d'aller s'abriter un instant auprès d'un bon feu et adresser une parole d'amour
à Claire qu'il ne devait pas voir de plusieurs jours. Le
froid et l'amour l'emportèrent ; il abandonna son poste.

Le maréchal qui présidait à tous les préparatifs de la
fête, faisait une ronde dans le château : en passant
devant la porte du midi, il aperçut la guérite vide : s'in-
former du déserteur, le faire arrêter et juger immédiate-
ment, fut l'affaire de quelques heures. Le lendemain, le
corps du pauvre Allemand pendait aux branches de l'arbre maudit. Mon père et sa sœur passèrent une horrible
nuit, mais qu'ils étaient loin de prévoir la terrible pré-

cipitation du maréchal ! Le jour à peine commençait à paraître qu'ils se précipitèrent dehors , pour connaître le sort d'Albert : Hélas ! les branches dépouillées de l'ormeau leur apprirent la vérité. La pauvre Claire tomba évanouie et elle se réveilla folle !

Pauvre tante ! elle a vécu longtemps, sans cesse en proie à la terreur qu'elle éprouva le matin de cette journée de mars. Je l'aimais , à cause de ses malheurs , à cause de son état d'enfance. Elle occupa bien des années le coin du foyer dans la cabane paternelle : Et si la nuit, le vent soufflait avec force et que la neige tombât avec violence, un tremblement convulsif la saisissait ; et puis elle commençait à chanter sur un ton monotone une longue complainte dont voici les premiers mots :

« Grand'mère, s'il vous plaît, encore une complainte ,
» J'entends le vent gémir et le chien aboyer ;
» J'ai peur,.... il fait bien noir,.... et la lampe est éteinte ,....
» J'ai cru voir un fantôme, assis près du foyer. »

Le vieillard avait cessé de parler ; et je vis de grosses larmes sillonner ses longues joues pâles. Je fus profondément ému de cette douleur si vive. Il me quitta en me tendant la main que je pressai affectueusement.

Je me hâtai de quitter ce lieu dont les souvenirs étaient si lugubres et je rejoignis nos voyageuses. Je les rencontrai recueillant des documents et s'informant de tout ce qui pouvait avoir de l'intérêt. Il n'avait pas échappé à madame A. , que le domaine de Chambord ne rapportait qu'une soixantaine de mille livres de rente et que le jeune duc de Bordeaux n'avait jamais touché un centime de ce revenu. Elle admirait la conduite pleine de noblesse de ce jeune exilé qui consacrait à l'amélioration du domaine que ses concitoyens lui avaient donné, le revenu qu'il rapportait : elle nous fit remarquer que plus de 400 ouvriers terrassiers étaient occupés toute l'année à des défrichements ou à des plantations de bois.

C'est cette colonie qui forme la commune de Chambord ; oui, mon cher Hyppolite, il y a bien là une commune et une paroisse de Chambord, qui compte son maire, son adjoint, son conseil municipal et son curé : toute cette organisation dans l'intérieur du parc, auprès du château. Ces modernes et paisibles vassaux d'un seigneur du 19e. siècle, bien loin de désirer une charte d'affranchissement, seraient heureux au contraire de voir le châtelain leur maître venir par sa présence donner la vie à ce désert.

Nous devions songer à la retraite ; car déjà les ombres des créneaux fleurdelysés, des flèches et des tourelles, se projetaient au loin dans la prairie et venaient se baigner dans les eaux de la rivière ; notre voiturier, aussi impatient que ses chevaux étaient paisibles, nous pressait de partir.

Nous dîmes un dernier adieu au poétique manoir et nous montâmes en voiture. A ce moment, les dernières teintes d'un beau jour répandaient sur l'ensemble du tableau que nous quittions, un charme dont nous pouvions à grande peine nous détacher : nous nous retournions sans cesse pour apercevoir encore les dômes bleus et les mille ornements fantastiques, qui se détachaient sur un ciel serein : nous nous éloignions à regret de ce monument majestueux que la faible lueur d'un crépuscule d'automne nous faisait encore apparaître plus gigantesque : il allait disparaître, le solitaire chateau, caché derrière les arbres séculaires qui l'environnaient. A ce moment, la lune, sous la forme du croissant, se montra au-dessus de Chambord. Nous saluâmes Diane la favorite, qui venait silencieusement prendre congé de ses hôtes d'un jour.

Le 21 octobre.

Nous voici, mon cher officier, arrivés sans encombre dans la ville de Blois. Un excellent dîner nous attendait chez les amis de madame A., et notre soirée dans cette hospitalière maison, couronna agréablement une journée si bien remplie. Nous dormîmes d'un sommeil que rien ne vint troubler, jusqu'au lendemain, que nous devions consacrer presqu'en entier à parcourir la ville.

La géographie, qui t'a appris que ce chef-lieu de Loir-et-Cher est renommé par son heureuse position, son climat et sa crème de Saint-Gervais, ne m'en a pas dit davantage, et, jusqu'à ce jour, c'étaient là toutes mes notions sur cette cité : aussi compté-je sur ta gratitude, si je ne te laisse plus ignorer que la ville de Blois est bâtie sur la pente rapide d'une colline qui descend à la Loire; que les rues sont tortueuses, étroites et difficiles ; mais aussi les maisons qui s'échelonnent en amphithéâtre, vues du haut des terrasses de l'évêché, forment un panorama très-pittoresque. Je n'évoquerai pas tous les souvenirs historiques qui s'y rattachent, ce serait à ne pas finir ; il te suffira de savoir, pour le moment, qu'un grand nombre de rois ont habité Blois, et que plusieurs états généraux s'y sont tenus.

Nous avions hâte de visiter le château, et nous nous y acheminâmes. Cet édifice, vu de loin, n'est qu'une masse de lourds bâtiments sans régularité ; il est assis sur un rocher élevé qui semble écraser la ville.

De nos jours où tout le monde est savant, ce ne sont plus des concierges qui vous reçoivent aux portes des monuments historiques ; ces humbles gardiens d'autrefois n'ont pas changé d'habit, mais ils se sont transformés, et vous trouvez des archéologues, des artistes , dont l'érudition vous rend confus. Nous avions à peine demandé un portier, un suisse ou tout autre fonctionnaire analogue, que nous vîmes arriver à notre rencontre une petite femme vive et alerte, malgré une apparence raisonnable d'embonpoint. Madame Maret peut bien avoir de 45 à 5o ans, mais elle est fraîche, elle a l'œil vif et le regard jeune. Elle est gravement pénétrée des importantes fonctions qu'elle remplit dans le vieux manoir : pour elle, tout y est encore comme dans un temps ancien ; elle converse et passe sa vie avec les personnages historiques qui ont habité le château de Blois. Elle sait à quel ordre d'architecture appartenait tel pan de mur. — Thibault le Tricheur a , dit-elle, laissé en style roman des traces de son nid féodal ; puis vint Louis XII, qui a voulu embellir son berceau en gothique ; François Ier vint ensuite et jeta encore là ses escaliers à jour, ses dentelles et ses richesses de la renaissance ; Gaston d'Orléans commença de belles choses qui ne s'achevèrent pas.

— Vous voyez donc, poursuivit madame Maret, que ce château a été bâti à quatre époques diverses. C'est vous dire que bien de grands personnages y ont vécu, mais n'anticipons pas, et suivez-moi.

Alors, saisissant son lourd paquet de clefs, elle vous conduit partout, vous détaille les beautés de l'architecture et vous fait remarquer les moindres accidents de construction. Elle était vraiment sous l'empire d'une inspiration poétique, lorsqu'elle nous adressa avec un ton de voix où perçait l'importance du savoir ; et qu'auraient envié MM. Villemain ou Guizot dans leur chaire de la Sorbonne.

— Reportons-nous à l'année 1588. La cour habitait le château, et les états généraux étaient réunis. La grande réputation et la valeur incontestable du duc de Guise, avaient fait ombrage à Henri III, qui résolut sa mort. Le prince Lorrain vient de monter cet escalier, il va s'asseoir vers cette cheminée, en attendant l'heure du conseil. Le roi le fait appeler ; il s'avance intrépide et sans crainte, malgré les avertissements qu'on lui avait donnés : *Il n'osera pas*, avait-il dit. Imprudent ! il entre dans ce couloir que vous voyez et qui précédait le cabinet du roi. Etonné de ne pas rencontrer de page pour l'annoncer, il allait se se retirer lorsque les assassins apostés pour le tuer se précipitent sur lui et le poignardent. Voici la place où il tomba. L'histoire rapporte qu'Henri III vint voir s'il était bien mort, et qu'il prononça ces paroles : *Il paraît encore plus grand que lorsqu'il était vivant.*

L'étonnante érudition de madame Maret, nous promettait une séance que nous désirions abréger : nous traversions d'autres pièces lorsqu'elle nous arrêta près d'un balcon suspendu sur un roc élevé :

— Vous voyez cette croisée, continua-t-elle ; eh bien, c'est par là que s'échappa Marie de Médicis avec le duc d'Epernon, *qui était aussi mécontent du gouvernement.*

Nous continuâmes à monter plus vite ; mais elle nous rejoignit essoufflée et hors d'haleine au sommet d'une tour, sur la porte de laquelle sont écrits ces mots : *Uraniæ sacrum* ; nous ne pûmes éviter l'histoire de Catherine de Médicis, de son amour pour la nécromancie et l'astrologie qu'elle venait étudier dans ce laboratoire aérien.

Nous connaissions raisonnablement l'histoire du château de Blois ; aussi remerciâmes-nous madame Maret, en la complimentant sur l'étendue de ses connaissances archéologiques.

Plus tard, nous apprîmes que la science de Mme Maret n'était qu'un pâle reflet des connaissances variées de son époux. M. Maret, nous dit-on, à Blois, connaît l'histoire du château aussi bien que M. de la Saussaie, le plus spirituel historien du Blaisois. Sa réputation est d'ailleurs suffisamment établie auprès de tous les visiteurs du vieux monument.

— Vous n'avez pas oublié, nous dit-on, le voyage que fit incognito, l'été dernier, le duc de Nemours. Après avoir séjourné à Amboise, il se rendait à Paris ; mais il fit en passant une courte halte à Blois.

M. Maret habitué qu'il est à recevoir des *gens comme il faut*, jugea tout d'abord que le jeune inconnu qui demandait à voir le château, était de noble extraction. Mais le modeste habit bleu boutonné et le chapeau gris, n'étaient pas des insignes propres à faire découvrir le fils de Louis-Philippe. La perspicacité de notre concierge devait être en défaut. Persuadé néanmoins qu'il avait affaire à un héritier d'illustre famille, il traita son hôte avec la distinction qu'il méritait, c'est-à-dire qu'il ne lui laissa rien ignorer de ce qui pouvait se rapporter au château.

L'attention pleine de complaisance du prince encourageait le concierge archéologue, qui ne tarissait pas. On était arrivé à la salle *des états*. Après avoir exposé à quelles époques ces grandes assemblées nationales s'étaient réunies, M. Maret se retournant vers le noble étranger, ajouta :

— Il y a quelques années, Monsieur, on admirait à cette place, une belle cheminée en marbre, d'un travail remarquablement beau :

— Eh bien ! qu'est-elle devenue ? dit le prince.

— Ah bah ! ils l'ont emportée à Amboise !

— A Amboise ; et qui donc ?

— Mais les *autres* :

— Ah ! oui, je comprends : les *autres*.

— C'est ainsi , poursuivit en soupirant M. Maret, qu'*ils* prennent tout ce qui peut être à leur convenance.

Le jeune prince comprima une forte envie de rire, en enchérissant sur les reproches que méritaient les *autres* , pour leur dilapidation vandale ; il quitta le bon concierge après lui avoir donné des preuves de la satisfaction qu'il lui avait fait éprouver.

A quelques semaines de là, le duc d'Orléans se mettait

en route pour faire une visite à la moitié de son futur héritage. Son frère Nemours lui recommanda de voir le père Maret, en passant à Blois : il n'eut garde, j'imagine, de lui laisser ignorer les particularités de la cheminée enlevée.

Le duc d'Orléans, arrivé à Blois, n'oublia pas le savant concierge. Les *Ciceroni* officieux et officiels étaient nombreux : le zèle administratif a de tout temps été empressé. Le duc remercia les hauts fonctionnaires, et demanda M. Maret, qui se présenta ses clefs en mains, mais d'un air un peu embarrassé. L'incognito du duc de Nemours ayant transpiré ; notre concierge ne savait trop comment le duc d'Orléans avait reçu la communication de son frère ; mais il fut promptement tranquillisé lorsqu'il vit le prince l'accueillir avec sa bienveillance ordinaire.

M. Maret retrouva son assurance, et avec elle ses souvenirs historiques. Arrivé dans la salle *des états*, il allait oublier l'enlèvement de la cheminée, si le duc ne lui eût dit en souriant que les *autres* n'étaient point de si grands vandales qu'il l'avait cru. Les manières pleines d'aménité du prince gagnèrent tout à fait le concierge du château de Blois, qui put facilement faire agréer son excuse.

Avant de quitter le vieil édifice, le prince s'informa avec attention des antécédents du brave homme, qui venait de l'accompagner dans sa visite archéologique. Il n'apprit pas sans intérêt que le père Maret, aujourd'hui le modèle des concierges, avait encore été du temps de *l'autre*, un vaillant soldat, dont les états de services rempliraient d'orgueil plus d'un brillant officier de nos garnisons.

Nous étions depuis quelques instants arrêtés sur les

plate-formes de rochers, embrassant de nos regards un riche paysage qui se déroulait devant nous. Au premier plan, nous apparaissait le grand fleuve de Loire, qui loin d'être à sec ce jour-là, roulait fièrement ses ondes écumantes le long d'un quai bien bâti et planté d'arbres ; sur l'autre bord de la rivière, le faubourg de Vienne ; de tous côtés de riantes maisons de campagne, de nombreux villages ; la ville de Menars et son château devenu prytanée. Plus loin la plaine de la Sologne, et, tout au bout de l'horizon, les minarets de Chambord ; tous ces objets, vus du haut des terrasses du sinistre édifice, la ville, la rivière, les bateaux à vapeur, les maisons élégantes, le lointain horizon, formaient un tableau de l'aspect le plus saisissant.

Nous descendîmes du château, en déplorant que le berceau de Louis XII, qui fut le témoin de tant de grands événements historiques, et dont l'architecture renferme d'incontestables beautés, fût destiné à servir de caserne : il nous semblait qu'on n'aurait pu choisir une demeure plus convenable pour loger l'administration départementale, qui est reléguée presque hors de la ville.

Parmi les édifices religieux de Blois, une église nous parut surtout remarquable ; c'est je crois, celle de St-Nicolas, le style en est noble et l'exécution riche : elle appartient, si je ne me trompe, à cette époque de transition où le goût s'épurant, faisait abandonner le lourd plein cintre pour l'ogive gothique. Dans ce monument, elle n'est point encore hardie et élancée, comme elle le devint au 14 et 15ᵉ siècles : c'est encore le plein cintre dont l'arc s'allonge un peu à son sommet.

Je ne voulais pas quitter Blois, sans aller faire une visite à M. de la Saussaie ; pendant ce temps nos pèlerins feraient les préparatifs du départ. M. de la Saussaie, dont je t'ai parlé, est un savant distingué qui rend tous les jours de précieux services à l'archéologie française. Ses loisirs, il les consacre à la bibliothèque de Blois, dont il est conservateur, et à l'étude des vieux monuments, à l'aide desquels il reconstruit l'histoire si négligée des vieux siècles féodaux. Son cabinet est un musée dont il fait les honneurs avec la grâce qui distingue le vrai savoir, et que n'imita jamais le pédantisme ignorant.

Il me reçut avec une bienveillance de manières dont je conserve le souvenir. Je lui témoignai le désir que j'avais de voir la bibliothèque publique ; malgré son état de santé très-mauvais, il s'empressa de me satisfaire : je fus heureux de visiter cet établissement, qui est tenu avec le goût d'un bibliophile éclairé et le soin d'une administration amie des sciences. Cette bibliothèque, sans être aussi riche en nombre que celle de Tours , lui est bien supérieure par la beauté des éditions , le luxe et l'heureuse exécution des reliures et par une collection des grands historiens. Les salles ressemblent plutôt à de somptueux salons de grands seigneurs qu'à un lieu public. Aussi les séances du matin et du soir sont-elles fréquentées par un grand nombre d'hommes studieux. Je pris congé du savant et zélé bibliothécaire de Blois ; mais non sans lui exprimer toute la reconnaissance que je lui devais pour sa réception pleine d'aménité.

— La voiture attendait à la porte de nos hôtes , qui avaient préparé un confortable déjeuner , auquel nous fîmes honneur. Après leur avoir souhaité tout le bonheur qu'ils méritaient et leur avoir fait agréer nos sentiments d'une sincère gratitude, nous quittâmes la ville de Blois. A quelques lieues en descendant le fleuve, un temps clair et un soleil brillant nous permirent d'apercevoir sur l'autre rive de la Loire, le fier château de Chaumont. La rivière, dont les eaux étaient débordées et le jour qui s'avançait, ne nous permirent pas d'aller visiter cet autre *Uraniæ Sacrum*, où Catherine de Médicis élaborait ses sortiléges et où, dans un accès d'ombrageuse préoccupation, Napoléon exila Madame de Staël.

Il était neuf heures lorsque nous arrivâmes à la propriété de Madame A. Le dîner préparé depuis trois jours ne nous attendait plus ; mais un bon appétit et une abondante provision de contentement nous firent trouver excellent le souper réchauffé.

En voilà bien assez, n'est-il pas vrai, mon cher Hippolyte ; une autre fois tu serais maladroit si tu te plaignais de la brièveté de mes lettres.

Ton ami,

SEYTRE.